AF254145

# L'OPPOSITION DEVANT L'ADRESSE.

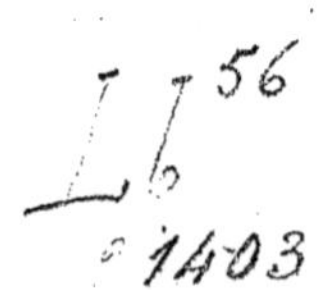

CHALONS, IMPRIMERIE T. MARTIN.

JANVIER 1864.

# L'OPPOSITION

## DEVANT L'ADRESSE

PAR

## L. CALEMARD DE LAFAYETTE

RÉDACTEUR DU JOURNAL DE LA MARNE.

Les oppositions, quelle que soit leur nature, demandent toujours l'impossible, parce que l'impossible est le meilleur argument à présenter à un Gouvernement, vu qu'il ne peut jamais faire l'impossible.　　THIERS.

PRIX : 75 CENTIMES.

PARIS

CHEZ DENTU, LIBRAIRE-ÉDITEUR,

PALAIS-ROYAL, GALERIE D'ORLÉANS, 13.

1864

# TABLE DES MATIÈRES.

Dans un ouvrage récent, prôné par la réclame, critiqué par le bon sens, un académicien célèbre, très-célèbre, trop célèbre, dit :

« Toute carrière a ses aspirants qui font cortége aux arrivés... » Les chercheurs d'avenir tourbillonnent autour du présent splendide. »

Que sont au Corps législatif les membres appartenant à cette petite minorité dont se compose l'opposition ?

Sont-ils aspirants ou arrivés ?

A les entendre, on ne les croirait arrivés à la Chambre que pour aspirer à quelque chose. Ne voulant où ne pouvant exprimer des formules précises, ils passent leur vie à formuler des plaintes. Rien ne les contente, tout les choque ; le présent ne les satisfait point, l'avenir les inquiète.

Que veulent-ils ?

Le bien du peuple ?

Quel gouvernement a fait autant que celui de Napoléon, quelle majorité parlementaire s'est aussi chaleureusement associée à toutes les mesures prises en sa faveur !

La liberté ?

Elle se développe en restant dans les conditions nécessaires à son extension sûre.

Le progrès ?

Une comparaison entre le passé et le présent.

La gloire ?

Les médailles des dernières campagnes la promènent sur les poitrines des soldats rentrés dans leurs foyers. Pas un hameau de France qui n'ait eu un de ses enfants en Crimée, en Italie, en Chine ou au Mexique. Où sont ces traités de 1815, qui trente-cinq années durant ont fait frissonner le sol.

Que veulent-ils donc ?

La prospérité générale, sans doute, pour tout résumer en une idée. Ils oublient la condition essentielle : l'union de tous sous le même drapeau.

Les opinions trouveront en France la liberté absolue, le jour où il n'y aura plus de partis.

Les opinions s'éclairent mutuellement, les partis se déchirent.

La quantité de lumière nécessaire au bonheur ne sera possible que le jour où les opinions se présenteront dégagées des préventions inspirées par un attachement irréfléchi pour les choses qui ne sont plus, qui ne peuvent plus être.

Légitimistes, orléanistes, républicains ! quand avez-vous eu l'adhésion presque unanime de la nation, comme l'Empire ?

Jamais ! Que prétendez-vous donc ?

Vous imposer à la majorité ?

C'est ridicule, absurde.

Juillet, Février, Décembre, le prouvent assez.

Il y a dans la vie d'une nation le passé, le présent et l'avenir. Pourquoi vouloir refaire le présent et l'avenir de passés répudiés ?

Dégagez donc vos aspirations des inspirations malencontreuses . présentez-vous avec des opinions sur le présent et l'avenir, l'un et l'autre vous appartiendront comme ils appartiennent à la nation. Mais vous lui serez suspects tant qu'elle verra en vous les fruits étranges d'une coalition qui se recrute au milieu des inimitiés, des haines et des vengeances.

Quel autre moyen avez-vous employé pour arriver à la Chambre, et qu'y faites-vous ?

« Les chercheurs d'avenir tourbillonnent autour du présent splendide. »

Voyons la discussion de l'Adresse.

# L'OPPOSITION DEVANT L'ADRESSE.

---

## M. THIERS.

Lorsque M. Thiers mourra, trois hommes disparaîtront ; l'historien, l'homme d'Etat et le député de l'opposition. Seront-ils également grands dans le souvenir des générations ?

L'immortalité s'attachera à l'historien et à l'homme d'Etat ; quel sort peut être réservé au député qui aura démenti le ministre. L'indulgence des contemporains ne sera point un titre pour la postérité ; l'orateur des bancs de l'opposition n'est plus l'orateur du banc des ministres ?

Chez ce dernier, la passion du bien, la passion de la gloire dominent tellement qu'elles enfantent des prodiges ; sa parole vive, alerte, pénétrée fournit toujours l'argument plein de sens et de vigueur qui résout la question. La lucidité de son exposition se déroule dégagée d'entraves et aboutit à une conclusion irrésistible. La facilité d'élocution correspond à la netteté des pensées ; le but poursuivi est toujours noble, il est toujours facilement atteint. Il gouverne, et planant dans les sphères élevées, ses préoccupations ne s'attachent qu'à la grandeur du maniement des affaires publiques. Il gouverne, et premier ministre à trente-huit ans, il est réellement grand, tandis que, à soixante-six, alors qu'il a vu « se succéder le » choses, les hommes, les opinions, les affections même, » il oublie « les principes » sociaux et politiques sur lesquels repose la société moderne, » et pour lesquels il a si vaillamment combattu.

Il oublie ces paroles qu'il a prononcées le 4 juin 1833 : « les oppositions, quelle » que soit leur nature, demandent toujours l'impossible, parce que l'impossible est » le meilleur argument à présenter à un gouvernement, vu qu'il ne peut jamais » faire l'impossible. »

Il oublie que M. le duc de Broglie, président d'un conseil où il avait le porte-feuille de l'intérieur, a traduit la même pensée, tant elle est vraie, dans la mémo-rable discussion de la loi sur la presse de 1835, en disant : « Il est des lieux com-

» muns d'opposition à l'usage de toutes les phases, à l'usage de toutes les vicissitudes
» de la vie politique. »

Il oublie que, dans cette même discussion, il s'est écrié : « Vous parlez toujours de
» l'avenir ; eh bien ! faites de l'avenir avec le passé. »

Pourquoi ne suit-il pas son propre conseil ?

Le passé n'est-il pas assez gorgé de révolutions !

Pourquoi devient-il rhéteur et s'assimile-t-il avec orgueil au général Foy, à
M. de Serres, à M. de Villèle, à M. de Martignac, à M. Royer-Collard, etc.

Est-ce parce que M. Royer-Collard lui a dit, toujours dans cette même discussion : « Je repousse ces inventions législatives où la ruse respire ; la ruse est sœur
» de la force, et une autre école d'immoralité. »

Mais le rhéteur jugeait bien sévèrement l'homme d'Etat, comment se fait-il que
l'homme d'Etat revendique aujourd'hui les priviléges du rhéteur ? Est-ce que le
rhéteur avait raison ?

Aujourd'hui les finesses de langage du nouveau rhéteur sont transparentes et
laissent deviner l'armertume des pensées de l'homme d'Etat.

Aussi l'orateur n'est plus le même. Quelle distance ! c'est un stratégiste aux
abois, réduit aux petits moyens ; il ne fait plus qu'une médiocre tactique parlementaire inspirée par les rancunes d'une précoce vieillesse.

Il affecte la courtoisie, presque le dévouement : « Messieurs, vous ne me trouverez
» jamais ni dénigrant ni flatteur. Je ne dirai pas que ces décrets contiennent toutes
» les libertés désirables, mais ils en contiennent une partie considérable et ils sont
» le gage du reste. Quant à moi, j'en remercie l'Empereur, car l'ingratitude est un
» mauvais sentiment et un mauvais calcul. » Puis il cherche à décocher sans cesse ses
traits d'avance émoussés. Chacun de ses discours est marqué du même cachet. Il a
pourtant dit le 29 novembre 1832 : « Je crois que les éloges ne valent pas mieux
» que les diatribes. »

Contester cette facilité d'élocution qui captive, cette érudition qui subjugue,
serait puérile ; mais, nier la hauteur des vues, la noblesse du but, c'est loyal.

Comme Louis-Philippe, ce ne sont pas quelques députés éperdus qui ont mis
l'Empereur sur le trône, c'est la nation, la nation tout entière.

Où M. Thiers puise-t-il le droit de venir dire à la face du pays :

« La révolution française a renversé plus de gouvernements que la révolution
» anglaise.............................

» Le sol français est couvert des débris de ces gouvernements. Il y a ce qu'on
» appelle les représentants des anciens partis ; JE SUIS UN DE CES REPRÉSENTANTS »...

Est-ce dans le mandat que ses électeurs lui ont donné ?

Mais en 1857, ces mêmes électeurs avaient porté leurs voix sur M. Bethmont,
ministre du commerce sous le gouvernement provisoire, républicain consciencieux
et de la veille, qui avait flétri les *flétrisseurs* du pélerinage de Belgrave-Square, et
M. Thiers est Orléaniste.

Dans ce cas, de deux choses l'une : ou les électeurs ne savent ce qu'ils font ; ou
M. Thiers ne sait ce qu'il dit.

Est-ce dans ses convictions du passé ?

Mais le 4 juin 1833 il disait à la tribune :

» Le gouvernement de Juillet peut s'appeler un gouvernement, comme disent les
» jurisconsultes, *sui juris*, c'est un gouvernement de droit. La Restauration a perdu
» ce caractère le jour du parjure. Ce jour-là, qui est-ce qui pouvait faire un gou-
» vernement ? C'est la nation ; elle l'a fait, et le droit qu'elle lui a imprimé est aussi
» sacré qu'aucun autre. C'est ce droit qui fait notre véritable dignité, notre véri-
» table force. »

Est-ce assez clair ?

Pour quel gouvernement la nation a-t-elle été réellement consultée ? Est-ce pour
le gouvernement de Juillet ou pour le Gouvernement Impérial ?

Eh bien ! c'est ce droit qui fait notre véritable dignité, notre véritable force et
votre confusion. Les émeutes mettaient tous les jours votre dignité et votre force
en péril, parce que malgré vos dires la nation n'avait pas été consultée. Que voyez-
vous depuis douze ans ? Le calme, l'ordre, la prospérité que vous avez vainement
poursuivis ; car, en 1833, vous avez fait 9,000 arrestations politiques, vous vous
débattiez dans les embarras de loger tous vos détenus. Le 5 décembre 1834, vous
disiez :

« Il faut résister à la révolution..... Nous sommes des ministres de la résis-
» tance..... Je ne crois pas à la générosité des partis..... Je dis que quand on a
» la loi dans les mains, il faut avoir le courage de s'en servir contre tout le monde. »

Et vous vous proclamez le représentant d'un parti !

Vous constatez la persistance des aspirations révolutionnaires : « On nous dit
» que nous sommes dans un état révolutionnaire encore, et on a raison. » Et vous
vous faites l'apôtre de toutes les libertés, le champion de tous les révolutionnaires !
Vous ne voyez donc plus que les ministres de la résistance n'ont pas été inventés
en 1864 ?

Le 7 avril 1834, M. Portalis, et ce n'était pas un jacobin, celui-là, vous disait :
« Le ministère actuel n'épargne pas plus les hautes notabilités françaises qu'il
» n'épargne les libertés constitutionnelles et l'argent des contribuables. » Soyez
donc désormais un peu plus ménager de vos critiques, leur sincérité est à bon
droit plus que suspecte.

Ah oui ! l'Empereur a pu dire au cardinal de Bonnechose, dans la cérémonie de
la remise de la barrette : « Aussi, devez-vous être étonné, comme moi, de voir, à
» un si court intervalle, des hommes à peine échappés du naufrage appeler encore
» à leur aide les vents et les tempêtes. »

L'architecte qui jette les fondements d'un édifice se prémunit d'abord contre
l'envahissement des eaux, puis il étaie progressivement sa construction. L'Empire
s'est tellement bien prémuni contre l'envahissement des mauvaises passions, qu'il
n'a plus aujourd'hui à redouter ces secousses terribles qui venaient périodiquement
saper les bases du trône de Juillet. Mais l'édifice impérial est-il aujourd'hui assez
bien étayé pour dédaigner les insinuations de M. Thiers, membre d'une opposition
où il donne la main droite aux carlistes, oubliant, il est vrai, que c'est lui
qui a enfermé la duchesse de Berry à Blaye, et la main gauche, celle du cœur, aux
républicains, qui ne songent plus aux définitions de l'attentat des lois de septembre ?

Non, non ; si fort qu'il soit, l'Empire ne dédaigne pas la prudence; il étaie, il
étaiera jusqu'au jour où les sociétés secrètes ne vomiront plus aux pieds du trône
les misérables qui voudraient le tacher de sang. M. Thiers sait cependant qu'il y a
des Fieschi et des Alibaud ! et avec une sérénité parfaite, il vient nous dire,
qu'à ses yeux, cinq conditions sont nécessaires pour constituer la liberté ! La
société française fera avec bonheur le sacrifice de quelques parcelles de ces conditions, pour jouir du présent et être rassurée sur l'avenir.

Il dit avec une mielleuse et académique habileté, qu'il cherche le bien et jamais
l'occasion de critiquer. Alors, blâmant nos élections, il admire celles d'Angleterre,
où wighs et tories se donnent rendez-vous pour se disputer le pouvoir. Le régime
parlementaire lui fait toujours tourner la tête du côté où le mirage reflète ses aspirations, et il se garde bien de jamais s'ancrer dans la réalité.

Avec notre constitution, les élections ne sont plus aujourd'hui une course au
clocher d'un ministère ; c'est tout simplement l'expression périodique des tendances,
des désirs du pays, expression à laquelle les ambitions personnelles sont condamnées
à rester étrangères, et voilà ce qui fait le désespoir de M. Thiers et de ses amis de
l'opposition. La Chambre française ne se compose pas, comme la Chambre anglaise,
de libéraux et de conservateurs ; elle se compose de libéraux conservateurs dévoués
à l'Empire. Dans ses rangs se sont glissés quelques hommes de partis, ayant employé pour y arriver tous les moyens suggérés par la plus monstrueuse coalition,
par l'accouplement impur de gens qui, pendant trente-cinq ans, se sont tour-à-
tour accusés, jugés, emprisonnés, déportés, fusillés, mitraillés, et qui, aujourd'hui,
s'embrassent faute de ne pouvoir donner à l'Empereur le baiser de Judas ; et ces
hommes, MM. Thiers, Berryer et Jules Favre en tête, condamnés à rester isolément
hommes de partis, pénétrés, malgré l'âge, de l'exaltation fiévreuse qui se saisit toujours des cerveaux livrés aux rêves insensés de la passion politique, viennent, froi-
dement en apparence, étaler des doctrines qui ont conduit la société à sa ruine, et
oublient qu'ils s'adressent à celui qui l'a tirée des décombres où l'avaient préci-
pitée leur impéritie.

Cependant, M. Thiers a été ministre du commerce, et il s'est traité à la Chambre
des questions d'une haute gravité commerciale; est-ce que l'ardent protecteur de
toutes les libertés serait toujours réactionnaire quand il s'agit de la protection
commerciale ? Est-ce le seul point sur lequel ses opinions n'aient pas changé ; tant
pis, car c'est bien certainement le seul sur lequel il y aurait à le féliciter du chan-
gement. Ne nous abandonnons pas à cette douce illusion, il a signé et voté l'amendement de M. Pouyer-Quertier, il est resté à la hauteur de son ancienne politique.
Voici ce qu'il disait le 1er juin 1836 :

« Il est évident que dans la carrière industrielle nous fabriquons à peu près les
» mêmes choses ; nous fabriquons à des conditions différentes ; et il ne fallait pas
» livrer l'industrie française à l'industrie anglaise. Eh bien ! nous n'avons pas
» trompé l'Angleterre. Nous lui avons dit : fondons l'analogie de nos intérêts sur
» la politique et non pas sur l'industrie ; faisons une alliance politique et non pas
» une alliance industrielle qui sacrifierait une des deux nations. Et si ces sages con-
» seils n'avaient pas été suivis, tandis que la misère règnerait aujourd'hui dans

» cette alliance, il s'élèverait contre cette alliance un cri qui l'aurait fait succomber
» devant la France souffrante et sacrifiée. »

A la rigueur, c'était peut-être un peu vrai en 1836, et M. Thiers soutient *mordicus* que ça l'est encore. Qui se douterait qu'il a fait tant de concessions sur ses anciennes opinions?

Dans la question du Mexique, il se souvient qu'il a été ministre des affaires étrangéres de la politique la plus timorée qui ait jamais présidé aux destinées de la France; il se reporte à la séance du 4 juin 1833, où il disait : « Nous avons ac-
» cépté les traités de 1815, parce que, pour les déchirer, il aurait fallu verser des
» torrents de sang, et qu'un gouvernement sage doit avant tout conserver le repos
» de son pays. »

Alors, au lieu de faire une politique analogue à la situation actuelle, qui diffère essentiellement de l'ancienne, de celle qu'il dirigeait, il rentre dans les vues étroites du règne sous lequel il florissait : au lieu d'ouvrir les yeux aux vues larges, généreuses qui guident aujourd'hui la France, aux résultats puissants et féconds qu'elles obtiennent, il s'enferme dans la coquille d'un amour-propre qui le porte à critiquer et à blâmer tout ce qu'il n'a pas fait. Dieu sait, et nous aussi, quel vaste champ est ouvert à cette critique amère et jalouse, à cette critique d'autant plus envenimée que si la raison l'oblige à reconnaître, à proclamer que tout ce qui se fait, se fait en vertu du droit, la passion l'égare au point de dénaturer et les moyens employés, et les résultats obtenus, et le but définitif poursuivi.

Nous avons recueilli les passages les plus saillants des discours prononcés par M. Thiers dans la discussion de l'Adresse, et nous y avons fait une réponse.

Qu'on ne se méprenne pas, nous n'avons pas la prétention de lutter avec un si rude athlète. Nous avons été chercher ces réponses dans les discours prononcés par M. Thiers, ministre. L'honorable orateur ne peut récuser la valeur, l'importance de son contradicteur. Nous mettons donc en regard l'opinion de M. Thiers, membre de l'opposition, et celle de M. Thiers, ministre. A une trentaine d'années près, c'est toujours le même homme, le même organe, le même geste, dans la même enceinte ; il n'y a que les pensées qui diffèrent.

Mûri par l'âge, M. Thiers a acquis beaucoup d'expérience ; mais est-ce avec raison, à propos, que le 11 janvier il disait en débutant :

« Une circonstance vous aura sans doute frappés : c'est que les hommes eux-
» mêmes, si petits au milieu de la grandeur des évènements, les hommes n'ont
» quelque valeur que par l'intelligence qu'ils ont eue de ces grands principes so-
» ciaux et politiques sur lesquels repose la société moderne, et par la fidélité qu'ils
» leur ont conservée. »

On va en juger.

|  |  |
|:---:|:---:|
| M. THIERS, | M. THIERS, |
| *Membre de l'opposition.* | *Ministre.* |
| **11 Janvier 1864**. | **24 Mars 1835**. |
| Messieurs, quand on considère l'histoire des trois quarts du siècle écoulé, on est | Les partis sont mauvais observateurs des faits; leur vue fausse et troublée ne s'arrête |

**M THIERS,**
*Membre de l'opposition.*

frappé de l'observation que voici : c'est que la France peut quelquefois se passer de la liberté, s'en passer au point de paraître l'avoir oubliée ; puis, quand les temps et les esprits sont plus calmes, elle y revient avec une persévérance singulière et une force presque irrésistible.....................

Je sais très-bien que ce mot, liberté, ne laisse personne de sang-froid. Chez les uns, elle excite des désirs illimités, chez les autres des craintes chimériques. Mais, Messieurs, en ne consultant que l'expérience, en s'arrêtant à ce qui est incontestable, indiscutable, n'est-il pas possible de trouver, de déterminer ce que j'appellerai en fait de liberté, *le nécessaire ?*.........................

La presse est de toutes les libertés la plus contestée ; elle est, si je puis dire, la partie aiguë de la liberté, et je comprends les appréhensions dont elle est l'objet

Mais, veuillez m'en croire, s'il y a un homme en France qui ait éprouvé les inconvénients de la liberté de la presse, c'est assurément celui qui vous parle. Il y a un homme illustre avec lequel j'ai fait longtemps les affaires de l'Etat, et avec lequel, plus tard, je les ai discutées. Je n'ai pas besoin de le nommer, mais je le nommerai ; c'est l'illustre M. Guizot. Il les a éprouvé autant que moi.

Eh bien! écoutez une déclaration qu'il confirmerait, je crois, s'il était ici : après avoir éprouvé l'un et l'autre les effets de la presse, nous sommes, en hommes politiques, en hommes d'expérience, convaincus QU'ELLE EST NÉCESSAIRE.....................

Quand nous pouvons déverser sur les actes du Gouvernement le blâme le plus sévère, nos discours arriveront dans les journaux, et, tandis qu'ils reproduiront ce que nous croirons la vérité, eux-mêmes ne pourront pas ajouter un mot à la suite des discours dont ils auront été les reproducteurs. Dites-le moi, n'est-ce pas là un non sens ?.........

**M. THIERS,**
*Ministre.*

que sur le mal dont ils vivent et se repaissent.
...........................................

### 5 Décembre 1834.

Pour les partis, les mesures en apparence les meilleures, les plus généreuses, ne sont que des arguments.....................

### 29 Novembre 1832.

Qu'il nous soit permis de dire à nos honorables adversaires qu'il ne dépendrait pas d'eux de faire ce qu'ils disent, et qu'ils seraient bientôt, comme nous, débordés par des esprits impatients et qui demandent l'impossible.....................

### 25 Août 1835.

Les partis aiment à créer des mots pédantesques, avec lesquels ils veulent écraser la vérité. ..............................

### 25 Août 1835.

Demander qu'on puisse discuter tous les jours le Gouvernement, c'est demander le droit de révolution ; or, dans aucun pays, dans aucun lieu, dans aucun temps, il n'y a eu un peuple assez insensé pour croire que tous les jours on pourrait travailler au renversement et de la constitution et du prince.

Il y a une loi dont la discussion est interdite dans cette enceinte, à laquelle le prince et vous-même avez prêté serment ; et vous consentiriez à subir le spectacle dérisoire de cette loi livrée tous les jours à la discussion, à la risée des partis !

Je dis que ce serait là un spectacle insensé, ridicule, qui n'a jamais existé nulle part. Or quand un spectacle n'a été donné par aucun temps, je dis que la chose est anti-sociale, anti-humaine, je dis QU'ELLE EST IMPOSSIBLE.
...........................................

### 28 Août 1835.

Est-ce notre faute si la presse a abusé d'elle-même, si l'on a abusé des libertés les plus sacrées ?.....................
...........................................

### M. THIERS,
*Membre de l'opposition.*

Le Gouvernement, que la presse doit critiquer, est chargé de déclarer dans quelle mesure on le critiquera ; et, quant à la licence, elle est dans ses mains, il en peut faire ce qu'il veut.......................

Cette autorité (le suffrage universel) si grande, si respectable, à la quelle on demande des souverains, quand il faut lui demander des députés on la déclare infirme, sourde, aveugle et incapable, et on veut lui dicter ses choix.................................

#### 13 Janvier 1864.

Quelle langue parlons nous donc ici ? Le mot déloyal n'est pas possible ! Parlons donc le français ! Il faut nous respecter les uns les autres. Ce mot déloyal est une injure........

#### 14 Janvier 1864.

Messieurs, vous êtes comme les pouvoirs qui n'ont pas encore été beaucoup et fortement contredits : la contradiction vous surprend et quelquefois vous irrite. Lorsque vous aurez comme moi passé la plus grande partie de votre vie au sein de la contradiction incessante, vous la supporterez plus patiemment.

Oui, je vous reconnais pour très-légitimement élus ; mais, Messieurs, mettez-vous à notre place. Nous attachons, et vous attachez sans doute comme nous, un prix immense, soit aux principes en matière électorale, soit aux procédés. Eh bien ! nous croyons que, sous le rapport des principes, le gouvernement les fausse, et que, sous le rapport des procédés, il dépasse toute mesure. Nous nous trompons peut-être, je le veux bien, et vous nous direz à cet égard que nous sommes suspects, parce que ces procédés que nous ne trouvons pas bons, ont été employés contre nous. Je vous l'accorde. M'accorderez-vous, de votre côté, que si nous sommes suspects, vous pouvez l'être aussi à un certain degré, parce que les moyens dont nous nous plaignons ont été employés pour vous ?

### M. THIERS,
*Ministre.*

#### 25 Août 1835.

Lorsqu'on touche aux affaires du pays, il faut s'attendre à être calomnié, à être d'autant plus calomnié qu'on le sert mieux...............
....................................

#### 17 Avril 1833.

La raison publique a besoin d'organe, il faut l'aider, ne pas la laisser faire toute seule.
........................................
........................................

#### 15 Avril 1833.

Si nous montrions autant de susceptibilité que vous, Messieurs, nous ne vous laisserions souvent pas achever la plupart de vos discours ; car vous êtes beaucoup plus incisifs, beaucoup plus injurieux. ........................

#### 28 Août 1835.

Nous pouvons nous tromper comme vous ; mais entre votre erreur et la nôtre, qui donc est juge ? Est-ce vous, est-ce vos passions ? Messieurs, la charte *(aujourd'hui la constitution)*, a fait juge la majorité du pays, et la majorité du pays est celle des Chambres. Eh bien! depuis cinq ans que vous dites que la charte est violée, le pays consulté nous a mis en majorité, et dans cette Chambre, et dans la garde nationale et dans les colléges électoraux.

Comme minorité, vous n'avez que l'avis d'une minorité ; et vous ne devez pas être surpris si devant vos avis nous ne nous arrêtons pas ; car vos avis donnés tant de fois, en de tels termes, n'ont plus de valeur pour nous ; ne vous en plaignez qu'à vous-mêmes.
........................................

#### 22 Février 1836.

Avec l'appui des Chambres tout est possible; sans cet appui, tout est téméraire et impossible........................................
........................................

| M. THIERS, | M. THIERS, |
|---|---|
| *Membre de l'opposition.* | *Ministre.* |

**M. THIERS,**

*Membre de l'opposition.*

J'ai été plus d'une fois dans l'opposition en ma vie, c'est vrai, mais les hommes qui me connaissent savent que j'aurais beaucoup mieux aimé avoir à agir qu'à critiquer......

Je remercie l'un de mes honorables collègues, qui disait hier, en faisant allusion à certains hommes (et peut-être bien que je commets en ce moment une faute de vanité, en m'attribuant une partie de ce qu'il a dit), que ces hommes étaient entrés ici, non pour jeter le pays dans des révolutions nouvelles — pour moi je désavoue cette intention — mais uniquement — et celle-là je l'avoue tout entière — pour faire pénétrer leurs idées dans le Gouvernement.....................

Voulez-vous que je vous dise mon opinion la plus sincère ? Je ne sais pas ce que dans l'avenir pourra être le suffrage universel. Je vois ce qu'il est aujourd'hui, et je suis convaincu que si on cherchait moins à l'éclairer, savez-vous ce qu'il ferait ? il augmenterait peut-être un peu plus les moyens de contrôle dans les corps de l'Etat, et je suis sûr qu'au lieu de perdre le Gouvernement auquel vous vous êtes attachés, il le sauverait peut-être. ............................................. .............................................

**26 Janvier 1864.**

Nous sommes si loin, avec une partie considérable de nos forces, pourquoi ? pour fonder dans le Nouveau-Monde un grand empire. Eh bien, Messieurs, je vous l'avoue, en présence

**M. THIERS,**

*Ministre.*

**13 Janvier 1836**

Ce ne sont pas des éloges que nous demandons, ce serait inconvenant, ce serait puéril. Nous serions bien heureux d'obtenir seulement justice. Mais quand on a eu la difficile mission d'administrer, dans des circonstances comme celles que nous avons traversées, ce n'est que du temps qu'on peut attendre justice, et nous ne la demandons à personne aujourd'hui.

**31 Décembre 1834.**

Si la France est difficile à gouverner, et elle l'est sans doute, c'est parce qu'elle est toute remplie encore des courroux que vous lui avez inspirés ; c'est que les idées les plus saines, les plus justes, vous les lui avez rendues suspectes. Si l'ordre lui paraît despotisme, c'est votre faute et non la nôtre.

Quand nous voulons établir l'ordre, le repos, c'est pour vous comme pour nous ; c'est pour vous faire jouir à cette tribune de cette liberté que vous méconnaissez, et nous vous trouvons au nombre de ceux qui rendent notre tâche plus difficile ! Tandis que si vous étiez capables de comprendre un véritable sentiment, vous devriez vous trouver au nombre de ceux qui nous soutiennent dans notre tâche, noble, mais pénible.

**29 Novembre 1832.**

Avec le cens à 200 francs la France doit être le pays le plus libre de la terre.

**4 Juin 1833.**

Je ne me souviens pas d'avoir jamais demandé à un Gouvernement, ce qu'il ne pouvait pas faire ; j'ai toujours eu pour principe qu'il ne fallait loyalement imposer au Gouvernement que ce que l'on ferait soi-même si l'on était à sa place. Je voudrais pour un instant que nos honorables adversaires eussent été à la nôtre, nous aurions vu s'ils eussent réalisé tous les rêves qu'ils nous exposent chaque jour.

**4 Juin 1833.**

Nous comprenons le Gouvernement de Juillet comme un gouvernement de force et de modération, comme un gouvernement pratique ; nous voulons de la grandeur, mais

<table>
<tr><td>

**M. THIERS,**

*Membre de l'opposition.*

</td><td>

**M. THIERS,**

*Ministre.*

</td></tr>
<tr><td>

d'une telle entreprise ma raison demeure confondue. Il est possible que j'aie été élevé dans des idées trop étroites ; mais entreprendre, dans l'état de l'univers, j'ose le dire, à une telle distance, la fondation d'une grande monarchie, sans un but déterminé, sans une utilité certaine, je le répète, cela confond ma raison.

.............................................

.............................................

</td><td>

possible ; une chose modeste ne nous déplaît pas, parce qu'elle est plus facilement et plus rapidement réalisable.

### 13 Janvier 1836.

Nous ne sommes pas le Gouvernement glorieux, je le reconnais, de l'Empire et du Consulat ; nous sommes un Gouvernement de raison, de suite, de tenue, à qui les leçons passées doivent toujours être présentes et qui ne doit jamais s'infatuer de ses succès.

</td></tr>
</table>

Ici, M. Thiers est conséquent, s'il était aujourd'hui au pouvoir, il pourrait sans doute s'infatuer un peu plus de nos succès. C'est peut-être la jalousie qui l'a porté à nous conseiller de traiter avec Juarez.

On comprend qu'entre le gouvernement de Juillet et le Gouvernement Impérial, les analogies ne soient pas fréquemment saisissables et surtout saisissantes ; cependant, en lisant les discours de M. Rouher, la pensée se reporte involontairement à ceux de M. Thiers, ministre ; et en lisant les discours de M. Thiers, député de l'opposition, elle se reporte à ceux de MM. Mauguin, Garnier-Pagès, Salverte, etc. Tant il est que les oppositions sont toujours les mêmes et que les ministres sont toujours aux prises, sinon avec les mêmes difficultés, du moins avec les mêmes embarras.

M. Thiers a surabondamment prouvé que la race des rhéteurs, rhéteurs illustres si l'on veut, était loin d'être éteinte ; mais il s'est donné de garde d'établir l'utilité de leur verbiage. Il a parlé, longuement discuté, pour aboutir à quoi ?

A être le porte-drapeau de la minorité !

Mais les minorités, il les a jugées, stigmatisées !

Pourrait-il, avec confiance et sérénité, répéter aujourd'hui ce qu'il disait le 15 avril 1833 :

» Nous attendons le jugement du pays. Pour moi, j'y compte autant que qui que
» ce soit, et je souhaite que tout le monde y compte autant que moi. »

# M. BERRYER.

Si M. Thiers est homme de parti, M. Berryer est le premier orateur français. A ce titre, il appartient à la France. Comme avocat, il a défendu sous la Restauration les hommes de l'Empire, et, après la révolution de Juillet, les hommes de la Restauration. Comme député, il a toujours su placer les intérêts généraux de la nation au-dessus de ses affections politiques, et se poser en citoyen jaloux de l'honneur de son pays vis-à-vis de l'étranger.

L'illustre orateur a peu parlé dans la discussion de l'adresse, mais il a fait un long discours sur le projet de loi relatif aux suppléments de crédit de l'exercice 1863. Ce discours est une critique. M. Berryer appartiendrait-il encore à l'opposition ?

Une fois, on l'a accusé de pactiser avec les révolutionnaires ardents, sa noble et fière nature s'est révoltée, et le 6 janvier 1834, il disait :

« Que je me rencontre sur quelques points d'accord avec les hommes dont je « ne partage pas les opinions, puisque je repousse le principe qui est la base de « tous leurs dogmes politiques, cela ne tient pas à une alliance, à une ALLIANCE « MONSTRUEUSE, IMPOSSIBLE, une alliance qui serait CRIMINELLE, si elle était concertée, « car il ne pourrait pas y avoir de bonne foi entre nous ; mais il y a lutte collective. »

Il ne peut donc être question entre MM. Thiers, Jules Favre et Berryer d'une alliance MONSTRUEUSE, IMPOSSIBLE, CRIMINELLE, car s'il repousse le principe républicain, il ne fuit pas moins la base des dogmes politiques de M. Thiers : il y a donc encore pour lui lutte collective ; il a lutté toute sa vie, il mourra en luttant, c'est-à-dire glorieusement ; ce sera bien certainement la dernière mort héroïque à enregistrer dans les fastes légitimistes : depuis longtemps, les hommes du parti ont pris l'habitude de mourir bourgeoisement.

La première gloire de la tribune française est donc rentrée dans la lutte collective ; M. Berryer a analysé la situation financière avec le calme et la dignité qui conviennent à un homme de sa sorte, mais aussi avec ces préventions dont en politique ne peuvent s'affranchir les hommes les plus éminents, à ce point que lui, le plus rude champion des ministres de Louis-Philippe, le plus habile joûteur qui cent fois a réduit à néant les expédients d'une politique timorée, s'est presque surpris à faire l'éloge des moyens employés par les trafiquants du régime déchu. Etrange anomalie, qu'on pourrait presque traiter d'aberration, s'il ne s'agissait d'un homme qui est une des gloires de la France.

M. Berryer blâme les dépenses exagérées, il s'étonne de l'augmentation de notre dette consolidée depuis l'avènement de l'Empire ; il dresse, ou du moins il cherche à dresser le bilan de notre situation, et dans ses préoccupations critiques il n'oublie qu'une chose, c'est que tout inventaire s'établit par doit et avoir. Le doit a pour lui des proportions énormes, gigantesques, effrayantes ; il en serait de même pour tous ceux qui l'envisageraient comme lui, en fermant complètement les yeux sur l'avoir. Mais à ce compte, il n'est pas de banquier, il n'est pas de négociant qui tînt comptoir ouvert. Dans le monde des affaires, une faillite est le résultat de l'excédant du passif sur l'actif, mais dans ce même monde, la prospérité est le résultat des gros chiffres à l'actif et au passif. Ainsi que l'avaient dit MM. Vuitry et Thiers, M. Berryer l'a répété, le trésor est un banquier qui fait de grosses affaires et qui est tenu à toutes les exigences d'une comptabilité en partie double. Que dirait-on d'un banquier qui n'aurait pas un passif figurant dans son inventaire ? on s'écrierait qu'il ne fait rien : et malheureusement pour M. Berryer, on peut en dire autant, il en a dit autant lui-même de certains gouvernements que, par hasard, il est venu défendre, qui avaient le tort immense de dépenser beaucoup et de ne rien produire.

La politique du Gouvernement impérial est tout autre : il dépense, mais il produit. Ouvrons les yeux : il y a quinze ans, les revenus de la France s'élevaient à un milliard, ils s'élèvent à deux. Villes, rues, routes, chemins vicinaux, chemins de fer, industrie, navigation, importations, exportations, caisses d'épargne, de secours mutuels, assistance publique, aisance, en un mot, tout grandit et se développe, et l'on s'étonne que la France dépense ! Veut-on la condamner à cette étrange parci-monie qui entasse et annihile. Nous trouvons dans l'histoire de France deux souverains qui ont thésaurisé, Charles V et Henri IV. Les trésors de l'un ont été volés, ceux de l'autre gaspillés. Si aujourd'hui semblable chose est impossible, il est évident que l'on peut et doit dépenser dans la mesure du rapport.

Pas plus que l'honorable orateur, le Gouvernement n'oublie les sages préceptes et les grandes leçons en matière financière : s'il innove, il le fait à coup sûr : témoins les traités de commerce et l'abolition de l'échelle mobile, deux mesures qui suffiraient à l'illustration d'un règne. Et que sont ces deux mesures à côté de toutes celles que nous avons vu s'accomplir ?

M. Berryer a formulé de la manière suivante le reproche le plus grave qu'il ait adressé au Gouvernement :

« Dans l'exposé des motifs de la loi qui nous occupe, on peut aller au-devant de
« cette irrégulalité, on peut l'expliquer en disant que c'étaient des dépenses qu'il
« était impossible de prévoir, et pour lesquelles, à différentes époques où il aurait
« fallu le faire, il n'était pas possible de demander au Corps législatif ouverture
« de crédits supplémentaires, de telle sorte qu'on a été obligé de faire les dépenses
« avant de pouvoir demander les crédits qui vont les régulariser aujourd'hui. Je
« m'attache à deux points, Messieurs, et je crois qu'il est nécessaire de ne pas les
« laisser de côté ; ce prétexte que les dépenses étaient impossibles à prévoir, c'est
« un prétexte faux qui n'a pas de fondement ; je ne veux pas dire qu'il n'est pas
« vrai ; mais enfin je réduis l'objection qui a été faite dans la commission, à cette
« seule qualification de prétexte invoqué par le Gouvernement. »

Ainsi, c'est un prétexte faux, qui n'a pas de fondement.

Si M. Berryer a raison, les hommes avec lesquels il lutte collectivement doivent avoir également raison. M. Thiers est de ce nombre ; eh bien ! c'est M. Thiers, son ancien antagoniste, qui va reprendre son rôle et lui répondre :

« L'honorable M. Berryer (il y a dans le texte un autre nom, nous mettons celui
» qui est de circonstance), disait hier que tous les ministres à l'envi avaient violé la
» loi financière; qu'ils avaient pris plaisir à fournir leur contribution de violations.
» Mais, je le demande, Messieurs, qu'y a-t-il de plus pénible pour un ministre que
» de venir vous demander des crédits supplémentaires. Ce n'est pas à plaisir,
» comme on le prétend, que nous dépassons les limites du budget; mais tout le
» monde sait que, sur la somme totale d'un budget qui comprend tous les besoins
» de l'Etat, il est impossible que les prévisions soient tout-à-fait exactes; nous
» pouvons mettre tout le monde au défi de faire des prévisions tellement précises
» qu'il n'y ait jamais lieu de sortir des chiffres du budget. » (25 février 1834).

Nous n'ajouterons rien; car si M. Berryer ne trouve pas la réponse assez pé-
remptoire, nous déclarons ne pouvoir que l'affaiblir.

Si maintenant M. Berryer jette les yeux sur sa vie parlementaire, à quelle époque
de cette vie, déjà bien longue, bien grande et toujours consacrée, comme nous
l'avons dit, à la défense de l'honneur de son pays vis-à-vis de l'étranger, aurait-il
pu prononcer les paroles qu'il a dites à la fin de son discours :

« Là où notre honneur est à l'abri de tout affront, là où il n'y a personne qui
» ose porter atteinte aux intérêts de la France et blesser en quoi que ce soit son hon-
» neur, bien moins encore, toucher à son territoire, je demande au Gouvernement
» de maintenir la paix, la paix de la France au milieu des Etats européens. Dans tout
» autre pays que le nôtre, il serait dangereux, il serait imprudent, je dirai même il
» serait peu national de dire : Nous avons besoin de la paix. La France peut le dire
» tout haut à son Gouvernement. »

Toute la Chambre a applaudi devant l'expression de pareils sentiments : M. Berryer, génie français, doit être heureux et fier d'avoir pu les traduire aux approches
de la fin de sa carrière ; cela vaut bien quelques beaux millions. La France est
heureuse de les payer, puisque le grand patriote reconnaît qu'elle a enfin repris sa
place à la tête des nations.

Le Gouvernement qu'il soutenait a pris Alger ; ceux qu'il a combattus ont payé
les 25 millions aux Etats-Unis, l'indemnité Pritchard ou fait la campagne de *Ris-
quons tout ;* celui qu'il a critiqué dans son administration financière est heureux
qu'il veuille bien, du moins, lui rendre la justice achetée en Crimée, en Italie, en
Syrie, en Chine et au Mexique.

# M. JULES FAVRE.

Il est des convictions, même malheureuses, qu'un publiciste doit toujours respecter quand la vie entière d'un homme, d'un homme honorable et plein de talent s'y rattache; celles de M. Jules Favre sont de ce nombre.

Héros de juillet à 21 ans, le dernier jour des glorieuses il écrivait au *National* une lettre sous forme de pétition, dans laquelle il demandait énergiquement l'abolition de la royauté, la dissolution des Chambres et la création d'une Assemblée unique. Puis un article inséré dans le *Précurseur* de Lyon exposait le gérant à des poursuites, il en revendiquait la responsabilité et était acquitté.

En 1831, il défendait les ouvriers mutuellistes prévenus d'association illicite, et n'échappait à la mort que par miracle, au milieu de la lutte engagée entre la troupe et ses clients.

En 1834, à la cour des pairs, il défendait les accusés d'avril arrêtés et traduits à la barre de la Chambre, par son ami d'aujourd'hui M. Thiers. Sa plaidoirie commençait par ces mots : *Je suis républicain.*

Jusqu'en 1848, M. Favre restait à Paris, marchant dans la même voie et consolidant sa réputation.

Secrétaire-général de M. Ledru-Rollin, candidat à la représentation nationale, il se présentait devant le club de la Fraternité, et, répondant à une interpellation au sujet de la célèbre circulaire aux commissaires du gouvernement :

« Cette circulaire si terrible, qui a causé déjà tant d'émotion, et sur laquelle » vous semblez m'interroger avec inquiétude, cette exécrable, cette monstrueuse » circulaire, eh bien! citoyens, c'est moi seul qui l'ai rédigée; elle est de moi! »

On pourrait encadrer chacun de ses discours de la formule sacramentelle, *ne varietur;* c'est un mérite, mais un mérite négatif en présence du suffrage universel.

La discussion de l'Adresse a donc trouvé M. Jules Favre tel qu'il a été toute sa vie, tel qu'il sera toujours; prenons-en notre parti, bien qu'à la rigueur nous pourrions peut-être rappeler à son souvenir ces paroles qu'il a prononcées dans son discours sur la Pologne, où il a été si magnifiquement implacable pour l'empereur de Russie : « La nature humaine peut changer de nom, mais ce sont toujours » et les mêmes passions, et les mêmes folies, et les mêmes excès et les mêmes pré- » textes. » Pensée essentiellement philosophique, essentiellement vraie jusque dans son acception politique. Toujours mêmes passions et mêmes prétextes de la part de ceux qui toujours repoussés ne persistent pas moins à se croire les apôtres de la régénération sociale.

M. Jules Favre a pris la parole dans presque toutes les questions soulevées au milieu de la discussion de l'Adresse. Le suivre pas à pas serait une seconde œuvre de géant que notre médiocrité ne nous permet pas de tenter ; elle nous permet de constater un fait, regrettable par sa persistance, dans les discours de l'illustre tribun. Ses paroles réfléchies revêtent les formes les plus convenables au milieu des appréciations les plus erronées ; ses hérésies se présentent dignement devant l'assemblée qui, par son attention, sait rendre justice au talent ; l'insinuation malveillante, même, est tellement voilée que forcément elle passe sans éveiller de trop justes susceptibilités ; puis vient un moment où la passion, calculée comme les termes les plus mesurés, déborde et soulève la tempête. On ne peut pas lui appliquer les paroles de La Bruyère : « Ce sont en lui comme deux âmes qui ne se connaissent point, qui » ne dépendent point l'une de l'autre, qui ont chacune leur tour ou leurs fonctions » toutes séparées. » Il est maître dans l'art de la parole, le langage qui naît sous ses pensées découle constamment d'une puissante réflexion, sinon d'une logique pénétrante ; il sait toujours calculer, même quand il ne raisonne plus ; c'est donc à dessein qu'il jette de l'irritation dans les débats.

Cela prouve-t-il qu'il ait raison ?

On comprend ces égarements de patriotisme qui inspirent des mots comme ceux ou celui prononcé par Cambronne à Waterloo, mais on ne comprendra jamais ces égarements de la croyance politique qui poussent un homme à oublier le drapeau de son pays, pour couvrir de l'autorité de sa parole les actes d'un ami politique, ennemi national.

On se rappelle qu'à la prise de Puebla nos soldats trouvèrent au milieu des décombres amoncelés par le canon de nos troupes, sur les tables où les officiers juaristes donnaient leurs ordres, des milliers d'exemplaires des discours prononcés par MM. Jules Favre et Picard, sur le Mexique, dans la dernière discussion de l'Adresse ; il faut en convenir, ce fut pour nos troupes le plus triste trophée de la victoire. Si elles sont encore obligées de poursuivre Juarez, d'aller le traquer et le forcer dans quelque dernier repaire , elles trouveront encore le discours que M. Jules Favre vient de prononcer. A tous les cœurs bien nés, la patrie est chère ; mais il y a un amour qui, paraît-il, l'emporte sur celui-là : c'est la confraternité républicaine. Juarez est un Mexicain républicain, M. Favre est un Français républicain. Les armes de la France combattent le gouvernement de Juarez : M. Favre allonge le bras au-dessus des baïonnettes françaises et tend la main à Juarez !

En vérité, de quelque valeur que soit un homme, il est impossible de trouver pour lui une excuse à de pareils sentiments, et M. Jules Favre avait bien raison lorsque, le 29 janvier dernier, il disait : « Nous sommes tous contradictions et mystères ; » nous portons tous en nous-mêmes ce principe éternel de combat qui nous rend » différents suivant que nous avons des missions différentes à remplir. »

# M. EMILE OLLIVIER.

De tous les membres de l'opposition, M. Emile Ollivier est évidemment le plus sérieux. Plus sérieux que MM. Berryer, Thiers, J. Favre et J. Simon, parce qu'il est plus jeune et qu'il a par conséquent plus d'avenir ; plus sérieux que tous les autres, parce qu'il a plus de talent. Plein d'avenir et de talent, que lui manque-t-il ? Pour nous servir d'une expression employée par les apôtres de la foi religieuse, il lui manque la résolution de ne pas mourir dans l'impénitence finale.

Avec Napoléon III, le Gouvernement n'est plus un système comme sous Louis-Philippe, ou avec une forme républicaine ; c'est un principe dont les conséquences, pour conserver leur valeur morale et politique, doivent être discutées et par suite éclairées ; d'où cette force de direction qui ne reconnaît d'autre sujétion que celle qui résulte nécessairement des vœux et des intérêts du pays.

M. Emile Ollivier a le talent nécessaire au soutien des bons principes, au développement de leurs conséquences ; pourquoi ne le leur consacrerait-il pas ? Dans la question de la Pologne, avec un accent convaincu et des paroles pleines d'élévation, il a bravé l'impopularité et assumé hautement la responsabilité de ses convictions :

« Quelque ardentes, quelque vives, quelque profondes que soient les sympathies
» que m'inspire l'héroïque Pologne, a-t-il dit, un sentiment est encore et plus
» ardent, et plus vif, et plus profond dans mon âme, c'est le dévouement que
» m'inspire mon pays, sa gloire, son salut, la défense de ses intérêts ! Aussi, je le
» dis sans hésitation (et quand le moment de motiver mon opinion sera venu, je
» ne reculerai pas), je suis nettement, hautement, résolument pour la paix.

» On me dit qu'à soutenir ce rôle il y a péril de s'exposer à l'impopularité. Cela
» fût-il, Messieurs, je n'hésiterais pas à m'offrir à l'impopularité. »

Les patriotes farouches ne lui pardonneront jamais ces paroles. Que ne se voue-t-il sans réserve à cette immense popularité qui s'attache à la dynastie Napoléonienne !

# M. JULES SIMON.

M. Jules Simon est un philosophe qui traite la politique comme il traiterait n'importe quel sujet de sa science favorite. Fondateur d'une scolastique nouvelle, il substitue à la théologie les grandes questions du travail des ouvriers, de l'enseignement et de la liberté d'écrire. Il se livre par exemple à une longue discussion sur la loi organique de la presse : la passant en revue dans toutes ses dispositions et dans toutes leurs conséquences, il en conclut que l'existence de tout journal est impossible.

A cette conclusion, nous devons reconnaître un inconvénient de premier ordre, c'est que les faits la contredisent. Indépendamment des journaux créés depuis 1852, nous voyons toutes les anciennes feuilles, dont la plupart sont très-ouvertement de l'opposition, continuer très-gaillardement leur existence au milieu des piéges, des embûches, des sévices de la loi sur la presse. Prétendent-elles n'en pouvoir dire assez ? Leurs abonnés sont donc alors singulièrement bénévoles puisqu'ils se contentent de superfluités.

Aussi, M. Jules Simon avoue-t-il lui-même qu'il exagère un peu et fait de la logique à outrance ; mais il sied bien, quand on prend en main la cause de la liberté, d'exagérer, même en avouant son exagération : comme de la calomnie, il en reste toujours quelque chose. Entre ce que le Gouvernement fait et ce qu'il pourrait faire, il y a toute la distance qui sépare le bon droit et la raison de l'absurde et de l'injuste ; mais au point de vue de l'opposition, il est toujours bon de dire que l'administration est sur une pente pernicieuse. A chaque pas que l'orateur fait dans la loi, il y trouve ou des impossibilités ou des injustices, mais il trébuche beaucoup plus au milieu de ces énormités, que les journaux au milieu des entraves qu'elles créent.

---

# M. ERNEST PICARD.

Pour faire cette brochure, si peu volumineuse, nous nous sommes livré à de très-longues recherches au sujet de M. Thiers et un peu de M. Berryer. Quand il s'est agi de M. Ernest Picard, nous nous sommes demandé ce que nous pourrions bien rechercher. Ses vertus appartiennent à sa vie privée, certains de ses talents au barreau de Paris, toutes choses étrangères à notre sujet. En désespoir de cause, nous avons recherché le nombre d'interruptions dont il s'est rendu coupable pendant la discussion de l'Adresse.

Il a interrompu cinquante-neuf fois.

Il y a trois ou quatre séances où l'on a discuté les questions économiques, celles entre autres où M. Pouyer-Quertier a inventé de si beaux chiffres, pendant lesquelles M. Picard, par dédain ou absence, est resté muet.

En faisant la part des absents par congé, MM. les députés sont en moyenne 270 aux séances importantes. Si chacun d'eux avait interrompu aussi souvent que M. Picard, il se serait présenté 15,930 interruptions ; soit 937 pour chacune des 17 séances consacrées à la discussion de l'Adresse. Il y aurait eu de quoi faire perdre la tête à ce président, si excellent et si digne, qu'il n'est pas un membre de la Chambre qui ne lui rende justice ; si judicieux, que toutes ses observations sont marquées au coin de la plus stricte impartialité ou du plus brillant à-propos ; si magnanime, qu'un seul jour il s'est borné à dire à M. Picard :

« Défaites-vous de cette habitude d'interrompre, c'est le fait de ceux qui ne » savent pas discuter. »

C'est que M. Ernest Picard, ci-devant capitaine dans le régiment des cinq, n'a pu monter en grade au milieu de recrues comme MM. Berryer, Thiers, et Jules Simon.

MM. Favre et Ollivier ont de la peine à se maintenir ; quant à lui, le voilà devenu simple soldat comme M. Havin. Malgré tout, il faut appeler l'attention sur soi ; que diraient ces braves électeurs parisiens si M. Ernest Picard se taisait ? Alors il fait tapage, il trépigne, il apostrophe, il crie bien haut au milieu d'une discussion entre M. le ministre d'Etat et M. Thiers :

« C'est un duel qui ne nous regarde pas. »

Mais il garde le silence quand M. Anselme Fleury lui répond :

« C'est inconvenant ; c'est moi qui vous le dis, Monsieur Picard, c'est inconve- » nant ! »

Pour se venger, il s'écrie dans une autre séance :

« Nous vous pardonnons d'être violents, parce que vous êtes faibles. »

Et pour faire la cour à son noble corps électoral, il se met à dire : -

« Si Paris n'est pas la France, c'est le cerveau de la France. »

De bien haut on a répliqué : « Si Paris est la tête de la France, la province en est le cœur ; » cœur assez bon et assez chaud pour se débarrasser au besoin d'un membre gangrené et pour marcher comme le saint de la légende la tête entre les mains. Bien tenue elle pourra peut-être encore rêver des folies, mais en faire ? Jamais..... jamais !..... Bien qu'un autre jour M. Picard ait dit :

« Quant à moi, au nom de l'opinion que je représente, je déclare que je trem- » blerais pour elle de voir son avènement en ce moment et de la voir dans la » nécessité de porter le fardeau de l'héritage que les douze années qui viennent de » s'écouler lui laisseraient. »

Peste, voilà qui est bien fier !

Sur ces paroles arrogantes, quelques membres, bien à tort selon nous, ont crié : « A l'ordre ! »

La déclàration de M. Picard n'est que juste ; il tremble, et qui mieux est, il est appelé à trembler toute sa vie. Les nains qui portent le drapeau de la démagogie seraient immédiatement écrasés par le fardeau de grandeur et de gloire qui composerait l'héritage de l'Empire, s'il venait à disparaître. Mais que M. Picard se rassure ; l'Empire repose sur des assises qui ne lui laissent courir aucun risque : et d'ailleurs, l'histoire a enregistré les œuvres des nains de 1848 ; l'histoire dira sans cesse comment, pénétrés de cette vigueur républicaine qui enfante toujours les prodiges en paroles et qui n'aboutit dans l'action qu'à la décomposition et au néant, ils se sont évanouis devant un souffle de la nation qui demandait à respirer, lasse des intrigants impuissants. Et l'histoire dira encore que le règne de Napoléon III a été le plus fécond et l'un des plus glorieux. Sa première gloire a été de nous débarrasser de la république, le monde entier a consacré les suivantes, Dieu est bon et juste, nous applaudirons encore à bien d'autres, tandis que les hommes de partis, on pourrait tous les fustiger et les fouailler au sang avec les verges fournies par les Gouvernements qui sont leurs idoles.

De Napoléon à M. Ernest Picard, la transition est brusque, elle est nécessaire dans notre sujet.

Quand M. Picard n'interrompt pas, il parle : mais, *quantùm mutatus* ; il n'est plus seul ou presque seul à parler : il a beau se mettre l'esprit à la torture pour conserver son rôle d'orateur, les anciennes ou nouvelles célébrités parlementaires l'écrasent, il n'a plus de reflet. On lui dit qu'il n'est pas sérieux, il n'en croit rien et le prouve en se jetant dans les nuages, où il plane au milieu du vide. Dans la discussion sur la loi de sûreté générale, par exemple, il s'engage à la modération et sort des lieux communs pour tomber dans une obscurité probablement très-mordante dans sa petite pensée, mais si réelle pour les autres, que de toutes parts, on lui crie qu'on ne le comprend pas. Il se borne à répondre :

« Je me suis expliqué parfaitement, et la Chambre a compris ma pensée. » Et sur les dénégations générales il persiste à s'enfermer dans sa chambre obscure, où il voit les choses comme personne ne les voit.

Rien au monde ne flatte l'amour-propre d'un homme comme d'être sensé aux yeux de certaines gens et des électeurs en particulier, avoir raison seul contre tous. C'est un rôle qu'affectionne singulièrement M. Ernest Picard, et qu'il remplit, soit en divaguant, soit en interrompant.

L'emploi exige de profondes connaissances, une grande rectitude de jugement, une incessante pénétration d'esprit ; M. Ernest Picard les possède tellement qu'il s'est fait une spécialité des interruptions, tout comme certains apothicaires se font une spécialité de médicaments bienfaisants.

# M. EUGÈNE PELLETAN.

M. Eugène Pelletan serait volontiers le Marat du XIX<sup>e</sup> siècle. S'il continue au Corps législatif comme il y a débuté, le suffrage universel sera sa Charlotte Corday.

---

# M. HAVIN.

Ancien juge de paix, M. Havin est entré pour la première fois à la Chambre en 1831. Depuis, il a grandi de tout le succès obtenu au *Siècle* par M. Dutacq, son fondateur, en 1836, qui est parvenu à réunir 38,000 abonnés avec la prose de l'immortel Alexandre Dumas. Feu Dutacq et notre illustre romancier ont préparé la chaise curule dans laquelle s'est assis et trône M. Havin, directeur politique du *Siècle* (50,000 abonnés, 1 million de lecteurs).

Quand on est directeur politique d'une feuille pareille, quand on est arrivé au Corps législatif sur les bras des Parisiens, quand on y reste sur ceux des Normands, on doit à ses abonnés, à ses lecteurs, à ses électeurs de la ville et de la campagne le délassement de quelques discours dans la discussion de l'adresse. Nous devons croire que M. Havin s'y était engagé, car il a doublement tenu parole. Nous avons eu de lui un discours écrit, et il a parlé d'abondance.

Le discours écrit tend à développer un amendement où l'on demande l'instruction primaire gratuite, et, peu s'en est fallu, obligatoire. La question est grave et digne de hautes méditations. Malheureusement la harangue de M. Havin est terne et pâle comme un article de son journal, lumineuse comme la lampe fumeuse d'une école de village ; qu'on en juge :

« On a beaucoup fait pour les instituteurs depuis 1834, dit l'honorable orateur » publiciste, époque à laquelle ils donnaient souvent leur enseignement dans » l'étable aux brebis ou dans l'écurie de M. le maire. » Etable et écurie étant synonymes, on est à se demander si c'est aux brebis que les instituteurs donnaient leur enseignement. Puis M. Havin s'écrie : « L'instruction, si l'expression ne nous paraît » pas trop ambitieuse, trop romantique, est à-la-fois et le grand chemin de la civi- » lisation et le grand véhicule moral. » Il paraît qu'il ne s'agit pas des brebis. Le *Siècle* ne nous a jamais habitués à un français très-pur, il pourrait bien changer un peu ses allures quand il s'agit d'enseignement.

Tout le discours, analogue ou à peu près aux deux citations que nous venons d'en faire, a valu à l'amendement un succès inouï dans les fastes parlementaires. Dix-sept députés l'avaient signé ; au dépouillement du scrutin, il ne s'est trouvé pour l'adoption que 15 voix. L'un des signataires, l'honorable M. Lanjuinais, converti par M. Havin, a voté avec la majorité ; il a reconnu son erreur, l'a désavouée, c'est un acte de probité politique. M. Malezieux, l'autre signataire qui a manqué au dépouillement du scrutin, s'est abstenu de voter ; en pareil cas, une semblable mesure n'a pas de valeur, on a tort ou on a raison, mais avant tout il faut avoir le courage de son opinion.

Les noms de MM. Roulland et Duruy sont bien connus par les progrès réalisés dans l'instruction primaire, progrès qui ne cesseront de se poursuivre tant qu'il y aura à améliorer ; mais chaque année a ses limites naturelles ; vouloir les dépasser, c'est vouloir l'impossible ; c'est ce que fait courageusement l'opposition, qui, fidèle à son mandat, demande toujours l'impossible. Pourquoi ?

L'honorable M. Segris l'a suffisamment expliqué en disant :

« L'amendement qu'on vous présente n'a-t-il pas ce danger de surexciter au
» dehors certaines idées qui ont leur mauvais côté ? Que dira-t-on, en effet, dans
» ces foules, dans ces masses qui ne pénètrent pas dans le détail de nos débats ?
» On dira : d'un côté de la Chambre, on a voulu donner l'instruction gratuite, de
» l'autre on l'a refusée. »

Ce qu'il faut à l'opposition, c'est la popularité quand même ; le *Siècle* est bien connu pour la rechercher ; c'est afin de la poursuivre jusqu'auprès des enfants que son directeur politique a lu un discours laborieusement composé.

Mais M. Havin est plus heureux quand il parle d'abondance. La Pologne, cette héroïque Pologne, toujours soutenue par les vaillantes colonnes du *Siècle*, échauffe son cœur, inspire ses paroles. Il trouve tout à-la-fois et des accents sympathiques et la Chambre rebelle ; tellement que chacune de ses périodes est suivie des mots : « assez, assez ; » ou encore : « eh bien ! allez en guerre, mais allez-y tout seul. »

« Eh bien ! s'écrie-t-il, je le dis, oui, j'irais jusqu'à la guerre pour défendre la
» Pologne, s'il le fallait, et il faut qu'elle soit secourue, car c'est un intérêt français
» en même temps qu'il est polonais. » On pourrait ajouter pour achever sa pensée, c'est l'intérêt du siècle.

Le journal de ce nom n'en a pas moins son million de lecteurs, M. Havin l'embarras du choix dans les circonscriptions électorales. En France, quand on a l'appui du *Siècle*, le vrai mérite trouve toujours sa récompense.

---

# M. GUÉROULT.

M. de Girardin est notre maître à tous (journalistes), il a souverainement jugé M. Guéroult, candidat de l'opposition démocratique aux dernières élections, donc M. Guéroult est un homme de mérite. S'en suit-il que son opposition se définisse bien ? pas mieux que celle de tous ses collègues du même camp. Marche-t-il au moins franchement sous la bannière de M. Jules Favre? pas davantage. Si minime qu'elle soit, la minorité est loin d'être compacte. Les cinq marchaient du moins en corps. Quand il y en avait quatre qui voulaient se battre, le cinquième formait toujours la réserve. Aujourd'hui les fractions se subdivisent ; tant il est que, ne sachant jamais au juste ce qu'elles veulent, les oppositions, toujours enclines au dénigrement, se déchireraient entre elles plutôt que de renoncer à leur rôle perpétuel.

Mais enfin, s'il est une question sur laquelle l'opposition puisse, doive même se grouper franchement, c'est sur celle des finances. Il est facile de juger de l'union de l'opposition, et comme conséquence, de la valeur de ses arguments en général.

Lorsque M. de Saint-Paul, répondant à M. Berryer, définit le véritable caractère de notre situation financière, M. Ernest Picard s'écrie : « On ne peut entendre » des choses semblables, ce sont des erreurs intolérables ! » Mais il se tait lorsque M. Guéroult fait l'aveu suivant : « Je ne suis pas aussi alarmé que beaucoup d'ho-» norables membres de cette assemblée de l'état de nos finances. Je crois qu'en » supprimant quelques fautes politiques qui nous ont coûté cher, nous serions dans » une très-bonne position ; nous n'avons qu'à ne pas les recommencer, et notre » situation sera excellente. » Ceci est loin d'être l'avis de M. Berryer.

M. Guéroult est peut-être d'accord avec M. Jules Favre, son chef de file apparent ? pas davantage. Lorsqu'il parle du rôle civilisateur de la France et qu'il conclut ainsi : « Il en est des idées comme des enfants ; il faut les nourrir, les sou-» tenir, les installer dans le monde, » l'honorable avocat-député lui souffle ironiquement à l'oreille : « Et les doter ! » Mais alors il s'entend avec M. Emile Ollivier sur la question de paix et de guerre ? Encore bien moins ; il le constate lui-même : « J'ai l'honneur d'appartenir à l'opposition, dit-il, mais je déclare que les doctrines » émises par M. Ollivier ne sont pas les miennes. » Et il appelle « illusoires » les conclusions de M. Pelletan, tandis que M. Jules Favre constate sur la même question *l'inconciliabilité* du désir et de la puissance. Aussi les amendements se succèdent et ne se ressemblent pas.

L'opposition ? c'est une défroque d'arlequin ; toutes les ambitions s'y donnent rendez-vous et, pour y entrer, fraternisent avec les partis. A combien des nouveau-venus on pourrait appliquer cette épigramme du *Journal des Rieurs*, de la première, de la grande révolution :

> Fraternisons, chers Jacobins !
> Longtemps je vous crus des coquins
>     Et de faux patriotes.
> Je veux vous aimer désormais.
> Donnons-nous le baiser de paix :
>     J'ôterai mes culottes.

M. Guéroult demande ouvertement la guerre pour la Pologne. Il veut la paix au Mexique, le *lazo* lui fait peur, mais en Europe l'odeur de la poudre ranime ses esprits. Et grand Dieu ! nous serions tous aussi guerriers que M. Guéroult, s'il ne s'agissait que du flair de la poudre ; mais avant tout, il faut voir si nous n'en serions pas asphyxiés. La poudre de la Russie, tant que l'on voudra, mais celle de toute l'Europe pourrait nous étouffer. Qui peut répondre de soi dans une foule ?

Sur ce chapitre, M. Guéroult est d'accord avec M. Havin.

Le *Siècle* jalouse les lauriers futurs de l'*Opinion Nationale*. Ces grandes convictions appuyées sur des arguments irréfutables sont tout simplement une affaire de boutique, et ces messieurs s'étonnent que la Chambre ne se passionne pas comme eux. Comme amour-propre, ils voudraient voir la France à la remorque des feuilles qu'ils dirigent ; comme intérêt, ils voudraient surtout avoir pour abonnés tout ce qui lit dans la nation.

A la question romaine, question cléricale, échauffant ces hautes intelligences qui demandent aux liquides des cabarets les inspirations capables de développer leurs croyances religieuses et politiques ou de définir les limites de la liberté et même de la liberté de conscience, a succédé la question polonaise. La Pologne est un thème de dévouement pour ainsi dire patriotique, avec lequel, surtout depuis 1830, la société entière a été bercée. La jeune génération ouvrière fait son éducation politique dans le *Siècle* et l'*Opinion ;* la fortune de ces journaux est basée sur cette popularité d'assez mauvais aloi qui ressort de l'insouciance, de la légèreté, disons le mot, de l'ignorance des jeunes ouvriers ou de la perversité de ces piliers de cabaret qui pensent à leurs femmes et à leurs enfants quand les bouteilles sont vides et qu'il n'y a plus moyen de les faire remplir : donc, MM. Havin et Guéroult risqueraient leur popularité, s'ils ne demandaient à grands cris la guerre pour la Pologne ; ils savent que la générosité française est telle, que, dans les classes peu prévoyantes que nous venons de désigner, on risquerait volontiers le présent et l'avenir pour un acte d'humanité ; alors ils sont polonais, parce qu'ils ont beaucoup de lecteurs !

# M. GLAIS-BIZOIN.

Nous trouvons dans une ancienne biographie des neuf cents représentants à la Constituante, la notice suivante :

« Le citoyen Glais-Bizoin a une petite mine de furet qui caractérise assez bien son attitude dans le Corps législatif. Ses allées et venues perpétuelles d'un banc à

un autre, son lorgnon toujours en activité, ses oreilles aux écoutes, sa voix prête
à interrompre sans cesse les orateurs impopulaires, tout cela avait fait de Glais-
Bizoin le député le plus remuant de l'ancienne Chambre. Il partageait avec
M. Lherbette le rôle difficile d'*interpellateur.* » Aujourd'hui, le partage se fait avec
M. Ernest Picard.

M. Glais-Bizoin a bien prononcé un ou deux petits discours pendant la discussion
de l'adresse, mais comme ces discours ne prouvent rien, nous renvoyons les curieux
au *Moniteur.*

Interrupteur obstiné de M. Thiers, ministre, il est aujourd'hui son approbateur
tellement passionné qu'à chaque instant il lui adresse des « très-bien! très-bien! »
dont beaucoup restent dans l'isolement. Il est évident que l'un des deux a changé.
Lequel?.............

# M. DARIMON.

M. Darimon ne parle jamais à la Chambre, il y lit. En revanche, il fait parler de
lui au Sénat : il y pétitionne. C'est le grand pétitionnaire de la démocratie expec-
tante ; il est toujours sur la brèche pour demander le redressement de torts
imaginaires; c'est une manière tout comme une autre de remplir le mandat dévolu
par le peuple.

Quelles questions peuvent chatouiller plus agréablement l'épiderme et la raison
des travailleurs que celles relatives au travail des ouvriers? L'opposition a dû
naturellement prendre l'initiative d'un amendement dans la discussion de l'adresse.
M. Darimon l'a développé dans un discours écrit, froid et compassé comme la parole
écrite, dogmatique au point de vue de la prétention qu'élève l'orateur de représenter les ouvriers à la Chambre.

Les ouvriers de l'atelier ne sont pas les seuls ouvriers de la France : il y en a bien
quelques-uns répandus sur toute la surface de son sol au moment des labours,
des semailles ou de la moisson; M. Darimon prétend-il les représenter? En
admettant même que certains ouvriers de sa circonscription, hauts bonnets déma-
gogiques de certains quartiers de Paris, lui aient soufflé l'idée qu'en lui donnant

leurs voix, ils l'appelaient à représenter l'immense armée de travailleurs qui concourent à la prospérité de la France, il ne s'en suivrait pas que les délibérations de ces petits conciliabules dussent engager les pensées et les croyances de tous les ateliers du pays; il n'importe, M. Darimon élève la voix au nom des ouvriers. Nous sommes de son avis lorsqu'il dit que tout homme qui travaille doit être tenu pour un homme d'ordre; loin de le mettre en suspicion, on doit abaisser devant lui toutes les barrières; loin de le soumettre à une règlementation qui étouffe ses efforts, on doit lui fournir tout ce qui peut étendre et agrandir le champ de son initiative; mais il doit en retour rester constamment homme d'ordre pour se maintenir sans cesse dans la seule voie possible du progrès pacifique.

Le conseil d'Etat, toujours sur l'initiative de l'Empereur, prépare des modifications à la loi sur les coalitions, car tandis que les orateurs parlent avec plus ou moins de sens ou de raison, l'Empereur agit : nous le verrons dans le nouveau projet de loi ; mais en attendant on peut, comme M. Nogent Saint-Laurens, établir avec des actes et des dates, de quel côté sont les vrais amis du peuple et ce qu'on a fait pour lui :

Le 18 juin 1850, on trouve l'organisation des caisses de retraite pour la vieillesse ;

Le 13 avril 1850, la loi pour l'assainissement des logements insalubres, habités surtout par les ouvriers.

En 1851, voici la loi du 22 février, sur le contrat d'apprentissage, protection efficace, intelligente, donnée aux apprentis.

La loi du 22 janvier 1851 crée l'assistance judiciaire et la justice gratuite.

La loi du 3 février 1851 institue des bains et lavoirs publics.

En 1852, la loi du 26 mars organise et développe les sociétés de secours mutuels; cette organisation vaut mieux que tous les discours du monde, et elle est un bienfait immense, éprouvé, pratiqué tous les jours.

Le 16 novembre 1852, une décision proclame l'adoption officielle des crèches et des asiles de la première enfance.

Par un décret du 27 mars 1852, 10 millions sont alloués pour l'amélioration des maisons d'ouvriers dans les grandes villes.

En 1853, le 2 février, se place l'organisation des sociétés de charité maternelle.

En 1854, par circulaire ministérielle du 15 août, on institue des médecins cantonaux, c'est-à-dire la médecine gratuite.

On a construit à Paris, aux frais de l'Etat, des maisons pour les ouvriers. Dix-sept de ces maisons sont administrées par l'honorable directeur de l'asile de Vincennes.

Enfin, en 1855, par décret du 8 mars, on a institué les deux asiles impériaux de Vincennes et du Vésinet, pour les ouvriers convalescents.

En 1856, est venue l'institution de l'orphelinat du Prince Impérial.

A côté de cela, on a organisé les conseils de prud'hommes, avec l'extension de l'influence des ouvriers dans ces conseils.

Le Gouvernement a un gros budget, mais il a trouvé le moyen de donner du travail partout et des encouragements toujours, et dernièrement on a envoyé à Londres, aux frais de l'Etat, des délégués des ouvriers pour étudier l'exposition.

Quel gouvernement en France peut, avec plus de confiance que celui-ci, invoquer la gratitude de la classe ouvrière? Serait-ce par hasard celui de 1848, qui n'a trouvé pour elle d'autre ressource que l'organisation des ateliers nationaux, appelés à se résoudre dans les fatales journées de juin. Et ce sont les adeptes de l'école politique de cette époque, M. Darimon en tête, qui viennent aujourd'hui attacher le grelot!....

---

L'adresse a été votée à la presque unanimité. Les efforts de tous ces orateurs ont abouti à recruter 12 voix contre. Cela fait bien 12 députés opposants.

Ne qualifions pas cette manifestation; disons comme l'honorable M. Millon : « Les idées qu'ils représentent sont mortes, les vivants « doivent toujours respecter les morts. »

Les étrangers ont une impartialité bon juge. Voici la sentence prononcée par le *Times* :

« Il y a, dans la situation de l'opposition française, une foule de causes qui » contribuent à diminuer l'intérêt auquel elle a des titres, et que ni l'éclat de son « langage, ni la popularité des thèses qu'elle soutient ne sauraient nous faire « oublier. Ceux qui se posent ainsi en adversaires du Gouvernement ont tout « l'avantage d'une critique négative venant de gens qui sont affranchis de la « nécessité de formuler, à leur tour, un programme. Ils auront beau réussir à « montrer que la direction de la France pourrait être en de meilleures mains, ils « ne nous convaincront pas que les affaires iraient mieux entre les leurs. »

Châlons, imp. T. Martin.